AF311670

VILLE DE CAMBRAI

(NORD)

COLLECTIONS

DE

M. HOUSSART

FÉVRIER 1895

CAMBRAI
IMPRIMERIE ET LITHOGRAPHIE RÉGNIER FRÈRES
28 ET 30, PLACE-AU-BOIS, 28 ET 30

DÉSIGNATION

FAÏENCES de VRON, DESVRES & FABRIQUES du NORD

Nos

1   2 Plats en faïence.
1 bis 2 id.   id.
2   2 id.   id.
2 bis Encrier décor manganèse.
3   1 petit Compotier et 1 Saladier.
4   1 Plat représentant une femme.
5   2 Assiettes Nevers représentant un pêcheur.
5 bis Plat et Soupière.
6   2 Assiettes Strasbourg.
7   2 id.   id.
7 bis 1 Bassin.
8   1 Chandelier faïence.
8 bis 1 Pâté faïence.
9   1 Pot faïence.
9 bis 1 Encrier polychrome.
10   1 grand Plat en faïence.
10 bis 1 Pot.
11   2 Assiettes avec fleurs de lys.
11 bis 1 Pot.
12   Assiettes faïence genre Rouen.
13   Casque en faïence.
13 bis Plat en Marans dessins roses.

FAÏENCES de DELFT

14   Potiche dessin Rouen bleu.
15   id.   id.   id.
16   Assiette polychrome.

N^{os}

17   Plateau rouge, bleu et or.
18   Rafraîchissoir bleu.
19   Carreaux encadrés.
20   Dessus de Pots représentant asperges.
21   Pot bleu.
21 bis Id. représentant un singe.
22   Id. avec dessins bleus.
23   Assiette polychrome.
24   Id.   avec dessins bleus.
25   Plat avec armoiries.
26   Assiette avec dessins bleus.
27   Id.   polychrome.
28   Id.   id.   avec inscriptions.
29   Petit Plat bleu.
30   Plat polychrome jaune, rouge et vert, encadré.
31   Id. avec le portrait du roi Guillaume d'Orange.
32   Id. polychrome encadré.
33   Potiche bleue.
34   Id.
35   2 bouteilles bleues.
36   Très grand Plat bleu avec chinois.
37   Assiette polychrome.
37 bis Porte-Cartes bleu.
38   2 Tableaux en carreaux bleus représentant des
            paysages.
39   Plat polychrome.
39 bis Id.   id.
40   Id.   id.
40 bis Assiette bleue avec sujet de la Passion.
41   Id.   polychrome.
41 bis   Id.   id.   au panier.
42   Id.   id.
42 bis   Id.   id.   au chinois.
43   Plat polychrome.
43 bis Assiette Amsterdam.

Nos

44   2 Plats bleus.
44 bis Assiette polychrome au tonnerre.

FAÏENCES de LILLE

45   Pot représentant une vieille femme.
45 bis Plat profond polychrome.
46   Id. aux asperges.
46 bis Pied de Christ en faïence polychrome.

FAÏENCES de SAINT-AMAND

47   Fontaine.
47 bis Pendule en faïence décor manganèse (très rare).

FAÏENCE de DOUAI

48   Soupière blanche.

FAÏENCES de SAINT-OMER

48 bis Petit Plat manganèse.
49   Assiette bleue dessins blancs.

FAÏENCES de PAUL HANONG

49 bis Assiette dentelée, fab. Strasbourg.

FAÏENCES de MOUSTIERS

50   Compotier dessin de Callot.
51   Assiette polychrome avec armoiries.
52   Plat bleu, dessins Rouen, encadré.
53   Id. polychrome.
53 bis Id. bleu.
54   Id. polychrome.
54 bis Grand Plat bleu.

FAÏENCES de MARSEILLE

Nᵒˢ
55   Soupière décor polychrome.
55 bis 2 Assiettes faïence décor polychrome.
56   Pot avec personnages   id.

FAÏENCES D'ANSPACH

56 bis Pot avec fleurs polychrome.
57   Id. dessins manganèse, couvercle en étain.

FAÏENCES de ROUEN et SINCENY

57 bis Plat avec bouquet et marli-polychrome encadré
58   Pied de Christ à la corne.
59   Huilier polychrome.
60   Soupière à la corne.
61   Bannette à la pagode.
62   Assiette bleue.
63   Dessus de coupe, style rayonnant bleu.
64   Cache-Pot avec bouquet.
65   Bannette à la pagode.
66   Compotier fleurs, papillons et oiseau.
67   Id.   id.   id.
68   Plat décor polychrome Louis XV.
69   Coquille   id.
70   Assiette fleurs, papillon et oiseau.
71   Dessus de Soupière à la pagode.
72   Grand Plat polychrome au panier.
73   Plat de Sinceny.
74   Id.   id.
75   Très grande Fontaine polychrome avec 2 robinets.
76   Bassin de fontaine.
77   Plat Rouen à la corne.
78   Grande Fontaine bleue décor rayonnant (très rare)

FAÏENCES de STRASBOURG

N^{os}

79   2 Rafraichissoirs polychromes.
79 bis Soupière avec bouquets.

FAÏENCES ITALIENNES

80   Petit Plat bleu de Savone.
80 bis Plat blanc à jours.
81   Petit Plat en Faenza, décor d'arabesques.
82   Assiette polychrome dorée (très rare), fab. de
       Milan.
83   Deux Potiches.
84   Plat en Faenza, décor d'arabesques.
84 bis 2 Plaques représentant des paysages dans des
       cadres italiens.
85   Vierge tenant l'Enfant Jésus, polychrome.
85 bis Plat en Savone représentant un paysage
       (collection du comte de Tramecourt).
86   Dessus de coupe.
86 bis Pot en Savone.
87   Plat en Urbino (Action changé en Cerf. —
       (Collection du comte de Tramecourt).
88   Grande Potiche avec armoiries et inscriptions
       (Mostosda Fina) en Urbino.
89   Grand Vase en Savone (très rare).— Collection
       du comte de Tramecourt.

FAÏENCES de BRUXELLES

90   Soupière représentant une poule.
91   Enfant (très rare).

TERRES ANGLAISES

92   Cafetière en Hackwood noire.
93   Vase noir et doré style Louis XVI, Weegwood.

TERRES D'ENGLEFONTAINE

94   Plat vernissé.
95   Très grand Plat vernissé.

TERRES de GENNEPTS

95 bis Grand Plat avec le Christ sur la Croix, St-Jean
      et la Vierge.

TERRES de NUREMBERG

96   2 Carreaux provenant d'un poêle.
96 bis 1 Carreau avec dessin Renaissance.
97   1   id.   id.   id.

PORCELAINES de CHINE & JAPON

97 bis 2 Assiettes Compagnie des Indes.
98   Boîte à thé, rouge.
99   Boîte à thé, rouge, bleu et or.
100   Pot au lait, rouge, bleu, vert et noir.
101   3 Tasses avec Soucoupes.
102   Tasse et Soucoupe Japon.
103   4 Soucoupes Chine.
104   Petit Vase Japon, rouge, bleu et or.
105   Théière fleurs.
105 bis Plat en Chine.
106   Plat rouge, bleu, vert et or.
106 bis Plat avec chrysanthème.
107   Plat encadré en Chine (très beau).
107 bis Plat rouge, bleu et or.
108   Plat de la famille, vert.
109   Plat rouge, bleu et or.
110   Fontaine (femme sur un char).
111   Grande Cafetière Japon, rouge, bleu et or.

Nᵒˢ

112   Grande Potiche rouge, bleu, vert et or.
113   Statuettes, chinois et chinoises.
114   Cafetière en Chine.
115   Cafetière de la Compagnie des Indes.
116   Plat Japon rouge, bleu et or.
117   Assiette Chine.
118   Id.   id.
121   Statuette représentant une chinoise.
122   Plat Japon bleu.
123   Id.
124   Bol en Chine.
125   Sucrier rouge, bleu et or.
127   2 Assiettes Chine à la Pagode.
128   1 Assiette.

PORCELAINES de CHANTILLY

129   Assiette bleue.
130   Salière bleue.

PORCELAINES de VALENCIENNES

131   Soupière avec fleurs.
132   Compotier avec fleurs.

PORCELAINES de PARIS

133   Tasse et Soucoupe Dihl.
134   Assiette.

PORCELAINES A LA REINE

135   Assiette fleurs.
136   id.   id.

PORCELAINES du COMTE de PROVENCE

137   Tasse et Soucoupe.

PORCELAINES de LILLE

N^{os}

138   Assiettes à bouquets.
139   Tête à tête, 2 Tasses, Pot au lait et Théière, vert d'eau, fleurs et doré époque Louis XVI. — Belle qualité.

PORCELAINES de LUDWIGSBOURG

140   Bol décor polychrome fleurs.

PORCELAINES de CRONENBOURG

141   Assiette fleurs.

PORCELAINES de CLIGNANCOURT

142   Gobelet fleurs.

PORCELAINES de NIDERVILLERS

143   Tasse et Soucoupe oiseaux.

PORCELAINES de LIMOGES

144   Plat semé de bouquets.

PORCELAINES de LA HAYE

145   Pot avec paysages.
146   Tasse et Soucoupe Amstel.

PORCELAINES d'AMSTERDAM

147   Bol.

PORCELAINES de VIENNE

148   Gobelet.

PORCELAINES de BERLIN

149   Statuette jardinier.

PORCELAINES ANCIENNES ALLEMANDES

Nos

150   Statuette bergère ép. Marcolini.
151   Statuette marchande de poissons. — Ludwigs-
            bourg.
152   Assiette fleurs.
153   Soupière et son Plat fleurs.
154   Quatre Gobelets, décor au manganèse fleurs.
155   Marchand de fruits.
156   Tasse et Soucoupe fleurs.

PORCELAINES de TOURNAI (Pâte tendre)

157   Tasse et Soucoupe polychrome fleurs.
158   Assiette bleue et dorée, médaillon.
159   Assiette avec fleurs.
160   Assiette paysage et personnages (très belle).
161   Théière fleurs.

PORCELAINES de SÈVRES

162   Assiette blanche dorée, pâte dure.
163   Pot et Cuvette dorée,   id.
164   Tasse et Soucoupe.
165   Sucrier avec Chinois, pâte dure.
166   Théière, même décor.
167   Tasse en Sèvres avec le portrait de la princesse
            de Saxe, pâte dure.

PORCELAINES de SCEAUX

168   Petits plats.

PORCELAINES de MARSEILLE

169   Très beau Plat avec fleurs.

STATUETTES TERRES ANGLAISES

Nos
170 Deux Jardiniers.
171 Un Berger.
172 Une Bergère.
173 Un Cerf.
174 St-Georges.

TERRE de LORRAINE

175 Un Jardinier.
176 Enfant en porcelaine.

BISCUITS

177 Sujets musiciens.
178 1 Sujet musicien.
179 1 id. la musique (beau groupe).

GRÈS BLANCS de SIEGBURG

180 Petite Cruche avec sujets.
181 id. avec portraits.

GRÈS de RAEREN GRIS

182 Histoire de Suzanne 1584.
183 1 grés avec paysages.
184 1 id.

GRÈS de NASSAU

185 Cruche bleu et grés avec mascarons.
186 id. id. id.
187 Cruche gris avec branche.
188 Id. id. avec étoiles.
189 Id. id. avec personnages.
190 Id. id. avec les armes de Nassau.

Nos

191   Cruche id. avec arabesques.
192   Id.   id. avec armoiries.
193   Id.   id. et bleu.
194   Id.   id.   id.
195   Id.   id.   id.
196   Petit grès.
197   Grande Cruche avec armes des princes d'Orange.
198   Cruche aux armes des princes d'Orange gris-
          bleu.
199   Cruche aux armes de Coblentz.
200   Cannette grise et bleue.
201   Cannette avec cheval.
202   Cruche avec Christ.
203   Cruche.
204   Grande Cruche avec armoiries.
205   Id.   id.
206   Id.   id.
207   Gourde.
208   Encrier gris et bleu.

OBJETS de VITRINE

209   Cuiller à encens Chine.
210   Armoiries cuivre repoussé.
211   Etui en ivoire sculpté, fleurs.
212   Peinture encadrée, portrait d'homme.
213   Saint Jean, statuette bronze, époque Louis XIV.
214   Couvercle de Vidrecomme en ivoire.
215   Chapelet corail et argent.
216   Couvert chinois.
217   2 Dés à jouer ivoire très anciens.
218   Petit Médaillon Louis XVI en Wegwood.
219   Dentelle dorée ridicule, brodée argent et Bourse.
220   Vittelluis en marbre.
220 bis Jeanne d'Arc en marbre.

Nᵒˢ

221 Tête de mort en cuivre.
222 Deux Anges tenant une auréole, ivoire.
223 Quatre Cadrans de montres.
223 bis Collier en verre.
224 Boucles d'oreilles et Médailles argent.
225 Bénitier en cristal de roche garni argent.
226 Statuette gauloise bronze.
227 Boucles d'oreilles argent avec pierres.
228 Descente de croix en argent repoussé.
229 Boucles d'oreilles argent et Strass.
230 Boucles d'oreilles en or, argent et avec pierres.
231 Reliquaire argent Louis XI avec gouache J.-C.
232 Portrait de femme sous Louis XIV. Miniature.
233 Deux Bagues argent avec pierres.
234 Deux Bagues argent   id.
235 Trois Bagues argent   id.
236 Collier Indien.
237 Plusieurs Décorations.
238   Id.   id.
240 Gaine en peau de serpent avec Couteau et Fourchettes en argent, époque Louis XV.
241 Christ sur la croix. Volet de tryptique en ivoire époque gothique.
242 Fixé, paysage par Lebel.
243 Tableau attribué à Mˡˡᵉ Ledoux dans un petit cadre sculpté. Jeune fille.
244 Couteau chinois dans sa gaine.
245 Casse-Noisettes buis sculpté, époque Louis XIII.
246 Tabatière époque Louis XIV, cuivre et nacre.
247 Bonbonnière en ivoire.
248 Médaille pour exposition industrielle en vermeil. La Renommée.
249 Médaille en bronze argenté pour l'industrie chevaline du Nord.
250 Croix de Christ argent et Médaille.

N^{os}

251 Magot de la Chine en bronze
252 Eventail en ivoire sujet allégorique au vernis Martin, époque Louis XIV.
253 Eventail corne à paillettes d'acier.
254 Eventail sujet allégorique, monture au vernis Martin, époque Louis XVI.
255 Eventail sur ivoire avec sujet gouache et monture époque Louis XVI.
255 bis Poire à poudre en cuir.
256 Devant d'écran en broderies.
257 Manchettes, Mouchoirs, etc., en broderies.
258 Fixé. Le Grand Frédéric.
259 Bronze.
260 Porte-Montre en émail.
261 Doubles Boutons argent.
262 Décorations maçonniques.
263 Lot de pierres gravées.
264 Décorations argent.
265 Sceau en cire.
266 Dyptique Russe.
267 Christ en bois ivoire et os.
268 Sceau en bronze.

OBJETS AYANT RAPPORT A CAMBRAI

269 Plaque cuivre repoussé, aux armes de Cambrai.
270 Insignes des Dames Anglaises. Abbaye rue des Anglaises à Cambrai.
271 Constitution d'une Rente en faveur de François Balique.
272 Saint-Géry en bois, XVIIIe siècle.
273 Cruche aux armes de Berlaymont.
274 Crochets de Potières aux armes de Cambrai.
275 Décorations de Saint-Roch en argent, époque Louis XV.

Nᵒˢ

276   Ceinture de Monseigneur Belmas.
277   Bas du Cardinal Giraud.
278   2 Cuillers à café argent de la Municipalité de Cambrai.
279   Double Aigle. Armes de Cambrai.
280   Cuillers provenant de l'Abbaye de Vaucelles.
281   Assignats.
282   Plaques aux armes de Cambrai.
283   Saint-Hubert cuivre, XVIIIᵉ siècle.
284   Etui de pipe aux Armes de Cambrai.
285   Portrait fait par Cordier de Cambrai, bronze.
286   Cachet des Thiéffry, Bouchelet de La Fosse.
287   Poinçon aux Armes de N.-D. de Grâce.
288   N.-D. de Grâce en cuivre repoussé.
289   2 Armoiries d'Evêques.
290   Brassard d'Arbalétrier, Saint Sébastien de Cambrai, cuivre gravé.
291   Porte-Allumettes aux Armes de la Ville et de la Vierge.
292   Gaufrier aux Armes de la Ville, XVIᵉ siècle.
293   La Vierge portée par deux Anges, cuivre.
293 bis Saint Géry en cuivre repoussé.
294   La Vierge et les Armes du Chapitre, cuivre.
294 bis Porte-Allumettes aux Armes de la Ville, du Roi et de Saint Géry, cuivre.
295   N.-D. de Grâce en cuivre repoussé.
296   Quantité de Plaques des employés de la Ville, etc., etc.
297   Cuivres de commode et autres meubles.

ANTIQUITÉS ROMAINES

298   Débris de poteries rouges.
299   Flèche et Anneaux.
300   Hache en granit.
301   Armes en corne.
302   Id.

N^{os} .
303 Cadre avec filets et étoffes. Débris de coiffures.
304 Pot en terre gris et rouge.
305   Id.
306   Id.
307   Id.
308   Id.
309   Id.
310   Id.
311 Pot Etrusque ou Cypriote.
312 Jade et Assiette noir et rouge.
313 Cruche rouge avec dessins.
314 Objets en terre avec dessins (rouges).
315   Id.   en terre avec dessins et couvercles.
316 Jade avec son couvercle dessus noir.
317 Pot étrusque avec arabesques.
318   Id.   avec personnages.
319 Sonnette en terre avec petit pot.
320 Pot étrusque.
321 Biberons.
322 Vase avec Animaux.
323   Id. en terre noire.
324 Biberon avec dessins.
325 Cruche Cypriote.
326 Pot et son Plat.
327 Tuile de revêtement.
328 Empereur Romain en terre.
329 Tête d'Empereur en marbre.
330 Tête de Statuette.
331 Lacrimatoires, Fibules, Fioles et Vase.
332 Statuette en bronze. Vesta.
333 Statuette Hercule, trouvée à Bavai.
334 Statuette bronze. Mercure.
335 Plaque de ceinturon.
336   Id.   mérovingienne en argent (très rare).
337 Lance en bronze.

Nos

338   Objet en bronze.
339   Clefs en bronze.
340   Fibules.
341   Lampe en terre.
342   Id.   terre et bronze.
343   Bossettes.
344   Hache en bronze.
345   Id.   id.
346   Pilon.
347   Objet en bronze.
347 bis Poids de filets en terre.
348   Mucleuse en pierre, époque préhistorique.
349   Passoire en bronze.
350   Epingle os et cuivre et autres Objets.
351   Charnière os.
352   Collier mérovingien.
353   Id.   id.   et Tuile romaine.
354   Agrafe et Meule romaine.
355   Cuiller et Clefs.
356   Boucles, Cuiller et Outils de médecins.
357   Sonnette en bronze.
358   Manche de poignard.
359   Clefs en bronze.
359 bis Ecuelle en terre rouge.
360   Corne de Cerf.
361   Lacrymatoire en albâtre.
362   Ecuelle à boire le vin.
363   Lacrymatoire en verre.
364   Lot de Verreries.
365   Fibules têtes et bronze.
366   Charnières, Clous et autres Objets.
367   Momies égyptiennes en bois (très rare).
368   Fibules, Balanciers et autres Objets.
369   Miroirs en bronze.
370   Graines conservées dans des fioles.

ARMES MÉROVINGIENNES ET AUTRES

Nᵒˢ

371 Scramasase.
372   Id.
373 Framée.
374   Id.
375   Id.
376 Hache en fer trouvée à Marcoing.
377   Id.   à Esnes.
378 Epée à 2 mains XVᵉ siècle.
379   Id. fragment.
380 Fourche trouvée à Oisy-le-Verger dans les
      tourbières.
381 Lance.
382 Hallebarde du XVIIᵉ siècle.
383   Id.   id.
384   Id.   moderne.
385 3 Flèches indiennes.
386 Sabre de cavalier, commᵗ du XIXᵉ siècle.
387 Poignard arabe.
388 2 Pistolets.
389 Epée en cuivre.
390 Dague trouvée dans la Deûle.
391   Id.
392   Id.
393 Etrier XIIIᵉ siècle.

DINANDERIES & CUIVRES

394 La mort de Thésée, bronze, plaquette du XVIᵉ
      siècle.
395 Armoiries de l'abbé Oblin de Séranvillers.
396 Cafetière cuivre gravé et repoussé.
397 Plateau, époque gothique.
398 Suspension en cuivre repoussé, XVIIIᵉ siècle.
399 2 Chandeliers Louis XVI.

N^{os}

400   Pied de Calice, époque Louis XIV.
401   2 Chandeliers hollandais.
402   2   Id.   id.
403   1   Id.   gothique.
404   Pilon.
405   Applique cuivre.
406   Pelle, Pincettes, Balayettes en cuivre, Louis XIII.
407   2 petits Chandeliers Louis XIII.
408   Etui de Marcs, bronze.
409   Pilon 1544.
410   Ostensoir avec pied gothique.
411   Marmite moyen-âge trouvée près d'Amiens (très rare).
412   Bassinoire aux armes de Cambrai.
413   Dessus   id.

ÉTAINS

414   Plat avec N.-D. de Grâce gravée.
415   Plat aux armes de l'abbaye des Guillemins, près Esnes.
416   Pot à eau bénite.
417   Médailles commémoratives et de pèlerinage.

FERRONNERIES

418   Plaque de cheminée 1592, avec armoiries.
419   Id.   fragments 1584   id.
420   Plaque représentant le siége de Cambrai en 1815.
421   Id.   représentant le siège de Cambrai sous Louis XIV.
422   Carcans.
423   Id.
424   Id.
425   Escarcelles.
426   Dessous de fer à repasser.
427   Lanterne avec Cabochons.

Nos

428 Serrure gothique.
429   Id. Renaissance gravée.
430 2 Landiers gothiques en fer.
431 Appliques fer blanc.
432 Gaufrier gothique (très grand).
433 2 Appliques avec fleurs en Saxe.
434 Coffre en fer provenant de l'abbaye d'Anchin, près de Douai.
435 Sonnette en bronze datée de 1559 (très belle) avec Ronde d'enfants. La poignée est une pomme de canne Louis XIV.
436 Planche gravée, pour gravure. La Prière et le Travail. Le Mariage de Sainte-Catherine.
437 Van Goyen (port de mer) planche cuivre gravé.
438 Sujets de la Bible   id.
439 Mieris, l'Observateur distrait, Joueurs d'instruments, planche cuivre gravé.
440 Chesneaux (La Petite Ecolière), pl. cuivre gravé.
441 Vernet (Marine), planche cuivre gravé.
442 Grande Plaque représentant une église, au revers carte géographique.
443 Horloge.

MARBRES & ALBATRES, etc., etc.

444 Marbre de Carrare, bouquets, fleurs et oiseaux.
445   Id.   id.   dans un cadre Louis XIII.
446 Marbre   id.   id.
447 Groupe gothique (La Cène).
448 Le Christ sur les genoux de la Vierge, époque gothique (marbre).
449 Vase.
450 Armoiries (marbre).
451 Tête d'Arioste.
452 Buste de Monseigneur Belmas (plâtre).
453 Pierre Giraud et Régnier, bustes par Cordier.

Nᵒˢ

454   Fénelon en pied (plâtre).
455   2 Médaillons, Pierre Giraud, bronze par Gayrard
        et Belmas, médaillon en plâtre.

TERRES CUITES

456   David jouant de la harpe, XVIIᵉ siècle.
456 bis Un Evêque terrassant le démon, XVIIᵉ siècle.
457   Une Vierge avec l'Enfant Jésus et S. Jean-
        Baptiste, XVIIᵉ siècle.

BOIS SCULPTÉS

458   Vierge avec l'Enfant Jésus, couronne argent
        sur la tête de la Vierge et de l'Enfant Jésus,
        époque Louis XIV.
459   4 Chapiteaux de colonne Louis XIV.
460   Fragment de porte gothique.— Buste d'homme.
461   Cadre Louis XIV.
462   Devant de tiroir en grisailles.
462 bis Bois à imprimer (chapelle).
463   Id.   (Jésus et la Samaritaine).
464   Id.   (Reine).
464 bis Bâton hollandais sculpté du XVIIIᵉ siècle.
465   Vierge en bois sculpté, époque Louis XIII.
466   Ange   id.   id.
467   Piétement en bois sculpté et doré Louis XIII
        avec des têtes d'anges.

VERRERIES

468   Grand Verre taillé et gravé, époque Louis XVI.
469   2 petits Verres de Venise striés.
470   2 Verres de Venise (plus grands).
471   Grand Verre à Champagne, grav. sujet Chasse,
472   Verre et Carafe de Monseigneur Giraud, arche-
        vêque de Cambrai, avec ses armoiries.
473   Bouteille verre allemand émaillée fleurs.

Nos

474 4 Verres à pied.
475 6   Id.   plus petits.
476 2 Salières cristal avec verre de couleur.
477 Verre forme d'un dauphin.
478 Animaux fantastiques XVIIIe siècle.
479 Broc en verre côtelé.
479 bis Verre à pied en bronze.
480   Id.   uni.
481 Verres divers à boire le vin du Rhin, époque
     Louis XIV.

VITRAUX

482 2 Reproductions de manuscrits.
483 Vitrail avec tête de personnage représentant
     un évêque.
484 Armoiries du XVIIe siècle.
485   Id.
486 2 Portraits sous Louis XIV.
487 1   Id.   id. armoiries et la date 1584.
488 1   Id.   (personnage).

TERRES

489 Statuette sainte.
490   Id.   sans tête.
491 Tête de cheval gargouille.

MONNAIES & MÉDAILLES

492 Monnaies étrangères.
493   Id.   id.   petites.
494   Id.   id.   moyennes.
495   Id.   id.   grandes.
496   Id.   id.   très grandes.
497 Jetons.
498   Id.   gothiques et moyen-âge.
499   Id.   id.   id.

N^{os}

500 Lille, Arras, République, etc.

501 Poids anciens.

502 Jetons de France, François Ier et Napoléon Ier.

503   Id.   id.

504 Monnaies de France, Louis XI, Charles VIII, François Ier, Henri II, Henri III, Henri IV, Louis XIII, Louis XIV, Louis XV et République.

506 République, Empire, Louis XVIII.

507 Louis XV, Empire, Louis XVIII et Charles X, Louis-Philippe, Napoléon et autres.

508 Médailles, République, Louis XVI.

509   Id.   étrangères.

510   Id.   Louis XVIII, duc de Berry, etc., etc.

511 Napoléon, Charles X, République, Henri V et autres.

512 Médailles étain.

513 Napoléon III et autres.

514   Id.   et divers.

515 Médailles étain et bronze, Louis XV, l'Assemblée nationale, République et autres.

516 Napoléon, Louis XVIII.

517 Deniers de Charlemagne, Louis-le-Débonnaire, Charles-le-Chauve, Charles-le-Simple, Philippe-Auguste, Louis IX, Philippe III, etc., etc.

518 Charles V, Grand blanc, Henri V d'Angleterre, Charles VII, Louis VI, etc., etc.

519 Testons Henri II, Henri III, Louis XIII et François Ier.

520 Philippe-Auguste, Saint-Louis, Philippe V, Louis XIV et Louis XV, 6 sous, 12 sous, 1 franc, 24 sous, 3 francs et autres.

521 Louis XIV et Louis XV, 6 sous, 12 sous, 24 sous et louis d'or faux, 20 sous, République (très rare).

522 Louis XIV, Louis XV et Louis XVI, République, 6 sous, 12 sous, 20 sous, 24 sous, 30 sous, 15 sous et autres.

523 Louis XIV 6 francs, Louis XV 3 francs et 6 francs, Louis XVI 3 francs et 6 francs, République 1793, 6 francs avec la tête de Louis XVI. — Monnerons à l'Hercule et autres, 6 blancs, Charles VII.

MONNAIES GRECQUES

524 Ptolémée, bronze.

525 Taras Potidici Métaponte Istié, argent.

526 Grec, bronze.

527 Fontaya Porcia Portunia Abbunia et Métaponte Régulia Claudia, argent.

528 Fontaya Porcia Portunia Abbunia et Métaponte Régulia Claudia, en bronze et argent.

529 Consulaire, argent.

530 Petits bronzes.

531 Romaine, argent.

532 Moyen bronze.

533   Id.   grand bronze.

534 Bysantines en bronze.

535 Gauloises bronze et argent, Espagnoles, Anglaises, Sceaux de Papes.

536 Médailles Napoléon, République.

537 Médailles Louis XIV, Henri V, Napoléon, République, Louis XV, argent.

537 bis Environ 200 Médailles religieuses et diverses.

MONNAIES DE CAMBRAI

538 Deniers du Chapitre Saint-Géry.

539 Deniers du Chapitre N.-D.

540 Deniers et Monnaies Maximilien de Berghes.

541 2 Deniers et 6 Deniers de Louis de Berlaimont.

Nᵒˢ

542 4 Deniers et 6 Deniers de la Vierge.

543 2 Deniers et 6 Deniers de la Ville, 2 Deniers de
     Louis de Berlaimont.

544 Quantité de Médailles de N.-D. de Grâce, Saint
     Ghuislain, Saint Waast, etc., etc.

545 Boutons Société de Bienfaisance, Médailles
     Pierre Giraud et autres.

546 Deniers de Louis de Berlaimont, de la Vierge,
     de la Ville, Plombs, etc., etc.

547 Médailles Religieuses, Boutons, etc., etc.

548 Jetons Louis XIV, Louis XV, Louis XVI,
     Charles X, etc., etc.

549 Jetons de Balagny, Catherine de Médicis,
     Commis aux fortifications, De Lalaing, Héro-
     guier, Cysoing, Deniers et autres.

550 Enguerrand de Créqui, argent.

551 Jetons Louis de Berlaimont, Maximilien de
     Berghes, Catherine de Médicis 1584.

552 Monnaies Obsidionales 1595 de 1, 2, 5, 10,
     20 patars-bronze.

553 Monnaies Obsidionales 1581 de 1 et 10 patars
     et autres (très rares).

554 Walrand de Luxembourg, Evêque de Cambrai,
     Walincourt, Gérard III, André de Luxem-
     bourg, Pierre d'André Elincourt, Manasés,
     Henri de Berghes, etc., etc.

555 Robert de Genéve, Jean de Gave, Guillaume
     et Henri de Berghes.

556 Nicolas de Fontaine, Guy d'Auvergne, etc.

557 Plombs de Cambrai et environs.

558 Médailles de Cambrai : N.-D. de Grâce,
     Saint Luc, Saint Roch, bronze et argent.

558 bis Médailles de N.-D. de Grâce, du Siége avec
     inscription, argent. (Par N.-D. de Grâce,

Cambrai fut secouru), Saint Druon, Sainte Renelle, cuivre et argent.

559   N.-D. de Grâce, cuivre et argent, Maria Mater Gracia 1676.

560   Médailles de Fénelon, Louis XIV, Siége de Cambrai, Comptoir d'Escompte de Cambrai, Pierre Giraud, Voyage de Pierre Giraud à Rome, Funérailles.

561   Cardinal Dubois, Louis XV, Louis XVI, Belmas, Bureau de Bienfaisance, etc.

562   Fénelon, Charles X pour le Théâtre, Charles X pour l'Hôpital.

563   Plaques pour les Crieurs, Pompiers, Postes aux Chevaux, Commissionnaires, Portefaix, Facteurs, etc., etc. (très rare à trouver).

564   Médaille, Compagnie du Soleil, Bouchain, argent.

565   Jetons argent Louis XVI, Louis XVIII et Charles X.

566   Maximilien de Berghes, 5 gros serains.

567   id.   de Dallers.

568   Quantité de Médailles religieuses argent et bronze.

569   Cachets des Communes de l'arrondissement de Cambrai pendant la Révolution.

570   Concours d'Iwuy, argent et bronze.

571   Chambre de commerce, Comice agricole, argent.

572   Médailles Louis XVIII, Napoléon, Papes, etc., etc.

LIVRES. — QUANTITÉ DE CATALOGUES ET DIVERS

573   Le *Monde Illustré*, 3 vol., et l'*Univers*, 1 vol.

574   La *Mode pour Tous* et 2 volumes du *Magasin pittoresque*.

Nᵒˢ

575 Catalogue de la vente Double.

576 Collection Dommartin.

577 Histoire de Paris, l'Ancien et le Nouveau, 22 livraisons illustrées.

578 Guides Bruxelles, Valenciennes, Douai, Amiens, Arras, Lille, etc., etc.

579 Versailles. Musée Royal. Collections préhistoriques. — Douai, Bruxelles. Musée d'artillerie. Antiquités et Armes.

580 Exposition 1878. Musée d'artillerie. — Luxembourg. — Gobelins. — Photographies. — Trocadéro, etc., etc.

581 Saint-Omer, Gand, Bois de Boulogne, Compiégne, Musée Plantin, Musée d'Anvers, etc.

582 Almanachs royaux 1779, 1781, 1784 et 1790.

583 L'*Illustration*, 1 volume 1889. Turquie et Russie 1834.

584 Album Cosmopolite.

585 Exposition d'Objets religieux. Lille, plusieurs volumes et suppléments.

586 Histoire d'Angleterre, 3 volumes reliés, 500 gravures.

587 Catalogue Boutourlon, 3 volumes Yemeniz.

588 Musée d'Artillerie.

589 Biographie Universelle.

590 Catalogue des Camées. — Bibliothéque Impériale.

591 Œuvres de Beaumarchais, 2 volumes. — Télémaque, 2 volumes.

592 Les Métaux. — L'Etain, par Germain Bapts, 11 planches.

593 Catalogue illustré des Arts Décoratifs, Gand-Rome. Albert Durer, Douai, Anvers. Relié, 1792, etc.

594 Des Arts, Peinture, Sculpture, gravures par Watelet, 5 volumes reliés 1792.

595 Dictionnaire Bibliographique des livres rares, par Delalain, 4 volumes reliés.

596 Malte-Brun. Géographie Universelle, gros volume relié, planche noire et couleur 1875.

597 Catalogue de Delalain, relié. — Catalogue Gluck 1789. — Servais 1808, Falconnet, 2 volumes reliés 1763, avec les prix.

598 Catalogue Luzarche 1778. — Catalogue Delzenne. — Catalogue de Sennecourt 1766.

599 Les Chefs-d'Œuvre de l'Art chrétien, in-f° relié.

600 Dictionnaire des Beaux-Arts et autres.

601 Exposition de Bruxelles. — Musée Impérial. — Musée Berthould. — Les Cromwels Français démasqués. — Musée de Madrid. — Le Prince d'Orléans.

602 Fontainebleau. — Louis IX (tragédie rare), costumes coloriés. — Catalogue de l'Hôtel-de-Ville avant sa destruction (rare). — Abrégé de l'Histoire de France et la Saint-Barthélemy.

603 Annuaire du Collectionneur, par Ris-Paquot, 1882-1883 et 1889-1890.

604 Almanach des Musées, 1767-1770-1772-1777. — Saint-Sacrement des Miracles incomplets de Bruxelles. — L'amour agissant, 1693 (rare). — Le Cabinet historique, par Pierre Camus. — Almanach littéraire, etc., etc.

605 Œuvre Rousseau de Cazin, 2 volumes.

606 Amour de Daphnis et Chloé.

607 Poésies de Pétrarque, 2 volumes.

608 Flèches d'Apollon, 2 volumes.

Nos

609 Les Saisons.

610 Les Jardins.

611 L'Aminte du Tasse.

612 Catalogue Illustré Plancart. — Lille. — Joannes.
— Benjamin Fillion et les Arts décoratifs en
Espagne, in-4º.

613 Albert Durer. — Antiquités. — Retable de
Mareuil. — Enghena Cavalier. — Carlo
Morlio. — Van Dyck. — Minard de Gand.

614 Le monde industriel, 29 livraisons (ce qui a
paru).

615 Catalogue illustré de Carlo-Morlio, in-4º.

616 Vente Hamilton, 27 dessins.

617 Exposition de Laon.

618 Catalogue Salviati de Florence.

619 Minard à Gand, illustré.

620 Collection Robert. — Numismatique, in-4º
illustré.

621 Collection Francisco de Lisbonne, illustré in-4º
(beau catalogue).

622 Alexandro Castellani, in-fº illustré.

623 Collection Albert de Parpart, in-fº (très beau
catalogue).

624 Catalogue Thomassin, illustré

625 La Mode illustrée en couleur, 15 volumes in-8º
1848-49-50-51 et 52.

626 Antiquités du roi de Prusse.

627 Ouvrage sur St-Louis.

628 Peinture italienne. — Notice sur les peintres
espagnols, 2 volumes.

629 Catalogue Charles Brunet.

630 Catalogue Van Hultam, gravures.

631 Notices sur Gouy et Le Catelet, reliées.

632 Guides des Commissaires-priseurs.

633 Biographie Douaisienne, in-8º relié.

N^{os}

634   Auli Géli, in-f° 1524, reliure veau.

635   Hemirici Cornélie Agrippa, in-f° 1533, reliure veau (incomplet).

636   Ouvrage sur les crosses d'Evêques, grand in-8° gravures, broché (extrait d'un ouvrage).

637   Vie de Dutilleul, de Douai, in-8° chagriné.

638   Paris, Londres, Shakspeare Français, 26 gravures sur acier, reliure velours vert (bel ouvrage).

639   Francisi Willoughby, Icthyographie, in-f° relié velin, 500 gravures. — Histoire des poissons.

640   Joannus Georgni, Calligraphie, grand in-f° 1756. Ouvrages sur Fénelon.

641   Œuvres de Fénelon, 4 volumes in-12, reliure veau.

642   Lettre de l'Archevêque de Cambrai à un Théologien, 1714.

643   Mandement au clergé et au peuple de son diocése vers 1723.

644   Prière du matin et du soir. Cambrai, Douillet, 1718, veau (trés rare).

645   Vie de Fénelon à la Haye, 1723, reliure veau.

646   Lettre pastorale. Lyon 1698.

647   Œuvres des six jours. Bruxelles, Foppens, 1731, veau.

648   Instruction pastorale, Lyon, veau, 1698.

649   De l'éducation des filles, 1790, Paris, reliure veau.

650   Dialogue sur l'éloquence. Paris, Etienne 1764, veau.

651   Instruction pastorale 1725. Cambrai, Douillet, veau.

652   Recueil de quelques Opuscules de M. Fénelon 1722, veau.

653   Essais sur le goût. La Haye, Pierre de Houdet 1737, veau.

Nᵒˢ

654 Œuvres spirituelles. Lyon 1719, veau.

655 Lettres sur divers sujets, la Religion, la Méta-
physique. Paris 1758 (très rare).

656 Les Aventures de Télémaque. Londres, 2 volumes, reliés veau, gravures.

657 Instruction pastorale. Amsterdam, in-8°, veau,
1728.

658 Fénelon ou les Religieuses de Cambrai, in-8°,
dos et coins chagrin.

659 Fénelon (poéme), par Marchand.

660 Notice pour élever un monument à Fénelon,
Opuscule médité, Dissertation pour la Conscience d'un roi.

661 Remarque sur la Réponse (très rare), l'Archevêque de Cambrai sur le Quiétisme.

662 Direction pour la conscience d'un Roi. La Haye,
1747, veau.

663 Réponse de l'Archevêque de Meaux à la 4ᵉ lettre
de Fénelon.

664 Les Adieux du duc de Bourgogne à Stockolm
1788, 1/2 reliure.

665 Les Aventures de Télémaque, 2 volumes, in-4°,
Lesne-Daloin, Cambrai, incomplet. — Numismatique, Beaux-Arts, Archéologie.

666 Manuel de l'amateur de tableaux, in-8°, chagrin.

667 Armes et Armures, 1/2 reliure in-12.

668 Orfévrerie, par Lasterie, broché.

669 L'art de restaurer les tableaux, par Ris-Paquot,
broché.

670 La Tapisserie, par Eug. Muntz, relié percale,
ornée par Quantain.

671 Médailles Lenormand.

672 La Verrerie, par Gerspach.

673 L'archéologie Etrusque et Romaine, par Martha.

674 La Peinture Hollandaise, par Havard.

N^{os}

675 La Peinture Flamande, par Wauters.

676 La Gravure, par Delaborde.

677 L'archéologie égyptienne, par Mayers.

678 L'Archéologie grecque, par Collignon.

679 L'Art Bizantin, par Bayet.

680 La Faïence, par Deck.

681 Le Meuble, par Champeaux, 2 volumes.

682 Les Faïences de Vron, in-8°, 1/2 reliure, gravures coloriées (rare).

683 Manuel de Numismatique, 3 volumes reliés.

684 Description d'un écrin d'une Dame Romaine, in-f°, illustré.

685 Abécédaire de Numismatique romaine et de Médailles romaines et inédites.

686 Néris, recherches sur les monuments, par Sesmonot, architecte de l'établissement, in-f° 4, broché.

687 Monnaies obsidionales, collection du colonel Maillet, in-f° 4, broché, illustré.

688 Collection Gariel, monnaies françaises, in-4°, illustré.

689 Collections de monnaies romaines, album in-4° en long (rare).

690 Recherches sur les monnaies des comtes de Flandres et de Hainaut, par Régnier, 2 volumes in-4°, cartonnés.

691 Souvenir de numismatique 1848, in-f°, 1/2 reliure.

692 L'Art ancien à l'exposition de 1878, in-f° illustré.

693 Monnaies des comtes de Flandres et d'Artois, par Dewisme, in-4°, relié, illustré.

694 Recherches sur les monnaies des comtes de Flandres, in-f°, relié, illustré.

695 Antiquités gallo-romaines des Eburonques, publiés d'après les recherches et les fouilles dirigées par Théodore Bonnain, in-f°, broché.

Nos

696 Monuments et ouvrages d'art antiques, restitués
par M. Quatremère de Quincy, 2 volumes
in-f°, illustrés de gravures coloriées 1829, Paris,
Renouard.

697 Les Merveilles de la Science, par L. Figuier,
4 volumes in-4°, 1/2 reliure.

698 Histoire de la Révolution française, par L. Blanc,
4 volumes in-f°, Paris, Lahure.

699 Deflant, Géographie, grand in-f° illustré et
cartes en couleur.

700 Statue en bronze et vase exposés par Charvet.
Grand in-f°, cartonné.

701 Dictionnaire biographique des livres rares et
précieux, 3 volumes in-8°, brochés.

702 Guide de la Belgique et guide de la Hollande.

703 Œuvres de Clément Marot, in-12, reliure vélin,
1583 (rare).

704 Histoire des papillons, in-4°, figures.

705 Almanach des dames, 1811, maroquin dans un
étui avec blason.

706 Almanach des dames, sans étui, 1812, gravures.

707 Almanach des dames, dans un étui, 1808, gravures.

708 Heures royales dans un étui, reliure satin,
gravures.

709 Candeur et Bonté, dans un étui, cartonnage.

710 Jésus Christi, domini nostri viti passionnis, in-f°
gravures, 1744.

711 Plautis commidié etc. : Aldus 1522, reliure veau,
avec armoiries sur les plats.

712 L'Africaine, comédie aux armes de Napoléon III,
chagrin plein.

713 Code de chasses, 2 volumes, veau jaune, aux
armes du marquis de Champagne.

714 Eucologe, ou livre d'église avec devise : Toujours

unis. Sur les plats, maroquin rouge avec dentelles et fleurs.

715 Joam Ravisi Testosi Nivernem, 1580, reliure du XVIe siècle, veau, ornements dorés.

716 C. Aurens Causulus Homni geny tructatus 1515, reliure du XVIe siècle, veau orné, belle marque d'imprimeur de Gallio Dupré.

717 Traité de l'origine des maladies et de l'usage de la poudre purgative, etc., 1748, reliure en maroquin rouge, Derome.

718 Almanach de Gotha, 1802.

719 Guillermi Parisinio de sacramento gothique de Universo, in-4°.

720 Tableaux de l'histoire moderne, par le Chevalier Mekegain. — Paris, Saillant, 3 volumes, reliés veau, avec armoiries.

721 Volume dépareillé avec armoiries, reliure veau, avec pratique de la perfection, aux armes des Jésuites.

722 Liber psalmum Davidis Régis et prophétus ex avebico Eulatni-Translati, in-4°. Rome.

723 Là Perpétuelle Croix ou Passion de N.-S. Jésus-Christ depuis la fin de sa vie jusqu'à la fin du monde, in-12, dentelles sur les plats. Paris, Herman.

724 Tractatus Solemnis de usti vero nova prédicandi, etc. Gothique 1483.

725 Orbis phaëton Houst de universis Vitiis Luiyure 1631, in-12 maroquin rouge avec dentelles et inscription. Ludovicus en or.

726 Les bigarures et touches du Seigneur des accords avec les Appopheynes du sieur Gallio, reliure maroquin rouge aux armes de Louis XIII.

727 Osservaziònne Sopra sigelli, Antichi, in-4°,

N^{os}

reliure maroquin aux armes de Louis XV avec son chiffre sur le dos.

728 Jacobi Sadoletti espicopi Carpenti Cardinales. In-12, reliure vélin avec le Christ sur la Croix.

729 Libri de B. Bastica a Nicolio 1521, reliure en chevreau blanc, compartiment mosaïque, doublé en moire rouge avec filets dentelles, tranches dorées, nervures en acier brunies, in-4°.

730 Emblémes de la Bible. Lyon, Jean de Tournes 1554. Texte allemand, 149 figures du Petit Bernard (Vendu 1,800 francs. Vente Didot).

731 Caviolanus Apio, Chirsimo Viro Antonio Merocemo, etc. In-4°, Venise 1477.

732 Salterium Romanus decreto Sacro Sainti, etc., grand in-f°, reliure veau. Plantin, Anvers, orné avec clous et fermoirs, etc.

733 Julii Cesaris Balengeri Ludovicis 1618. In-f°, reliure vélin aux armes de Marichal.

734 Obsidio Bredance Armi Philippi IV. Anvers, Plantin 1629. In-f°, reliure veau avec dentelles et fleurons or.

735 Encyclopédie méthodique. — Beaux-Arts, tomes 1 et 2 avec Armoiries.

736 Table des Mémoires imprimés dans les transactions philosophiques de la Société Royale de Londres, in-4°. Paris, Piget, 1739. Reliure maroquin vert aux armes de la Tour-du-Pin, garde en moire rouge.

737 Sermoneni Van Joannes. Tauleron, Gothique. In-f°, reliure veau estampée avec fermoirs.

738 Opus insigni Cui titulus fuit autor de Femonini, etc. In-f° 1558, avec grande planche gothique

originale, reliure peau de truie avec fermoirs
et compartiments.

739   Primitus Hispaniorum Vindicatus, grand in-f°
maroquin rouge aux armes de Tolède sur les
plats. Rome 1729.

740   Missale Romanum Venisi 1688, reliure en velours rouge avec coins et milieux en cuivre
repoussé et argenté, tranches dorées et
ornées.

741   Omnia Opera deris Joannes Chrysostomi,
Archiepiscopi Constante, etc., reliure veau
in-f° estampée et reliure du XVIᵉ siècle 1525.

742   Praxis dispensationem Apostolicorum. In-f°,
1656, aux armes d'un abbé mîtré, reliure veau
plein.

7.3   Annalium eglesi aticomm vetesi testamenti
Epitome 1655, reliure veau plein in-f° aux
armes de Louis XIV sur les plats.

MANUSCRITS

744   Les Actions glorieuses de S. A. Charles, duc
de Lorraine, gravé par Sébastien Leclerc.
Album.

745   Album Chinois.

746   id.

747   Recueil de diverses Divinités.

748   Manuscrit musique sur vélin.

749   Manuscrit sur papier. — Beau spécimen de
Calligraphie du XVIᵉ siècle.

750   Manuscrit avec Armoiries et entourage.

751   Manuscrit du XVᵉ siècle avec lettres ornées.

752   Fragment du Coran colorié, reliure orientale.

753   Manuscrit du XVᵉ siècle avec lettres ornées et
dorées et une représentant la Vierge (miniature).

Nᵒˢ

754   Cœsari Augustus Lise Histori, tomes 2 et 3 avec armoiries sur les plats 1574, in-4°.

755   Gotha Numanpa Sixtens Thesoris Frederici numismata Antiqua aurea argentina. In-f° reliure vélin aux armoiries et dentelles sur les plats.

756   Traité des Monnaies d'or et d'argent qui circulaient dans les différents peuples, par Paul Frédérick Bonneville, in-f° maroquin plein aux armes de Napoléon Iᵉʳ sur les plats.

AUTOGRAPHIES

757   Lots Parchemins cachets.

758   Lots Parchemins.

759   Lots de Parchemins.

760   Frère Etienne prieur de la Chartreuse.

761   Actes de Francisation.

762   Retenue de Grand Valet de pied du Roi.

763   Signature de Bonaparte. — Lettre du Général Oudinot.

764   Brevet de capacité de Commandant (signé) Louis XVI.

765   Brevet de capacité de Lieutenant de cavalerie.

766   id.   de Chevalier de N.-D. du Mont-Carmel du Seigneur de Belgarde.

767   Brevet de Franc-Maçon Grand-Orient de France. — Sceaux de Papes. — Bulle de Grégoire XIII.

768   Sceaux d'Innocent II.

769   Autographe de Stanislas roi de Pologne.

770   id.   du Roi Louis XVI.

771   id.   du Roi Louis XIII.

772   Neutralisation (signé) Louis XVIII.

773   Brevet de Brigadier d'Infanterie signé Louis XV

PIÈCES RARES

LIVRES,   BROCHURES,   etc.
SUR CAMBRAI

MÉMOIRES

Déclaration de l'entrée de l'Archevêque Léopold, à Cambrai. — Pierre Dally. — Manuscrits de la vie et de l'honnêteté des clercs. — Observations de l'Archevêque.

809   Instruction du Cardinal Régnier. — Requête de l'Archevêque de Cambrai. — Réflexion. — Mémoires du Comte de Launay. —- Mémoires du Marquis de Westines, de Bachelait. — Addition à la réplique contre l'Archevêque, etc.

810   Cambrai. — Les regrets du Cardinal Mazarin. — Cambrai. — Lettres du Roy au sujet du siége. — Lettre du Roy à MM. les Prévots, Marchands, Echevins au sujet du siége 1549. — Cambrai. — Le Siége sur les Espagnols par l'armée du Roy 1549. — Amis et patriotes sacrifiés par le Tribunal révolutionnaire. — Projets d'arrêtés, d'autographes. — Inventaire Polin. — Capitaine Héroguier. — Doléances. — Testament de Jean Crul, etc. —- L'Hôpital général. — Mémoires pour les prieurs et religieux de St-Julien. — Requête des Notaires de Cambrai à la Cour du Parlement de Flandre.

811   Abus d'autorité ou la Verge de fer du représentant Joseph Lebon. — Triomphe de la vérité ou apologie de la Constitution. — Testament d'un banqueroutier, etc. — Berthould. — De la pratique commune de l'église présentée au Roy, contre les Régoristes. — Gaspard Mairesse 1685. — Voyages à Arras et à Cambrai 1791 (très rare). — (Toutes ces brochures sont très rares à trouver).

812   Mémoire de l'Archevêque de Cambrai au Roy. — Parlement de Flandre. — Mémoire pour

Pierre Hiévenard, contre les religieux de
St-André au Cateau. — Mémoires de la
Place de Hamette contre de Franquinne. —
Mémoires pour les Religieux de Maroilles. —
Mémoires sur les bouchers, portefaix. —
Traité de capitulations accordé par le Roy. —
Cambrai, Jacques Mairesse. — A Monseigneur
sur la Métropole de Cambrai. — Consultations
(rare). — Mémoires très curieux.

813 Catéchisme de Cambrai 1789, tome I et tome II,
1839, 1845, 1839, reliure maroquin.

814 Almanach de Cambrai, 1805 à 1828, reliés,
1835 brochés.

815 Manuscrit sur la famille de la Place de Sorval.

816 Ligue de Cambrai. — Coutumes de Cambrai. —
Fêtes. — Cérémonies, Jubilés, chez Douilliez,
Cambrai 1751. — Almanach. — L'année
sénécé chez Jean de la Rivière 1613.

817 Les Miniatures des Manuscrits de la Bibliothèque de Cambrai, par Durieux, volume et
album brochés.

818 Histoire fantasque de la Flandre, par Bouly. —
Annuaire de la numismatique Delattre. —
Les Monuments de Cambrai, in-4°, gravures
sur acier.

819 Canonis et decreta 1566. — Maximilien de
Berghes, in-8, veau plein. — Mandement et
instructions pastorales, par Mgr l'Archevêque
de Cambrai 1729, in-4°, veau plein. — Statu-
teus diousi Cameracensis 1824, reliure maroquin plein (belle reliure).

820 Enguerrand de Monstrelet. — Traditions des
Eglises. — Notice sur les Histoires de
Flandre. — Recherches historiques sur la
Villa de l'Abbaye de St-Sépulcre et Diction-

naire géographique sur l'histoire monétaire de
la région du Nord, réflexions, mémoires, etc.

821 Coutumes de Cambrai. — Le Siége de Cambrai
par Louis XIV, par Durieux. — Eloge de
Msgr Belmas, par Thibault. Deneta Sinodi. —
Guillaume de ·Berghe 1604, in-8, chez
Guillaume Robat, imprimeur à Cambrai. —
Description des Pays-Bas.

822 Réponse de l'Archevêque de Cambrai à la
déclaration contre les maximes des saints
1698. — Les délices de la Hollande (rare). —
Decreta Sinodi Cameracensis. — La Vedette
cambrésienne. — Journal avec mélange. —
La Villa des Quarante. — Rosa Mystica, par
Lefèvre dit Faber.— Réflexion du Voyageur.

823 Ephémérides du Cambrésis. — Notes historiques, statistiques et géologiques sur les
Communes de l'arrondissement de Cambrai,
Bruxelles. — Notice sur la Citadelle de
Cambrai. — Le Frère Bérain, par Auguste
Carion. — Manuel pour le Jubilé. — Livres
élémentaires des écoles fondées par Vander-
burch et Quérénaing. — Les amis de cœur.
Tractatus. — Archives littéraires, historiques
du Nord et de la Belgique. — Annuaire
statistique, poésies. — Notice sur Jean-
Baptiste Désoria, directeur de l'Académie de
dessin, à Cambrai. — Biographies des
Prêtres du diocèse, morts depuis 1800. —
Résultats des Conférences.

824 Etude sur la signification des notes topogra-
phiques de l'arrondissement de Cambrai, par
Boniface. — Fénelon. — Ephémérides du
Cambrésis. — Expantio Notomm, Gaspard
Mairesse, Cambrai 1675. — Cérémonies des

missions. — Abrégé des grâces et indulgences,
Douillet, Cambrai 1745. — Notice sur
Longuet et le capitaine Plouvier. — Histoire
de Joseph Lebon. — Congrès des Agricul-
teurs, Cambrai. — Compte-rendu des Amis
des Arts. — Histoire de St-Amand. — Le
Paraguay, par Ch. Quantain.

825 Annales de la Province et du Comté du Hainaut,
in-f°, 1648. — Le Quart de Siècle, par
Bertèche. — Programme de la fête. — Dis-
tributions. — Les Chefs gouverneurs et
Députés du duché de Cambrai. — Les Rois
de France, par Lesne-Dhalluin. — Lois,
Manuscrit inédit de Fénelon. — Chemins de
fer. — Essai moral. — Messe en musique de
N.-D. de Grâce, par de Try, maître de
chapelle.

826 Notice sur Pierre Dailly, Cambrai, Berthould,
tiré à 100 exemplaires. — Notice sur Auben-
cheul-au-Bois, par Boniface. — Programme
des principales recherches à faire sur les Antiquités du département du Nord, par Leglay.
— Concelii. — Provinciales. — La Paix faite
à Cambrai en 1058. — Scènes Historiques
flamandes, par Leglay, 2 volumes. — Dere-
gnaucourt. — Journal d'une infirmière. —
Renée d'Ambroise. — Fleurs de solitude, par
Cormont.

827 Histoire ecclésiastique, par Guillaume Gazet,
in-4°, exemplaire mélangé. — Historique, par
Leglay. — Lesne, Cambrai. — Dix-sept Ordo.
— Bibliothèque du chanoine Dupré (belle
reliure).

828 Société d'Emulation, 5 volumes minces. — Histoire de Cambrai, Bouly, tome II. — Almanach

1825. — Fête civile et religieuse, 2ᵉ édition,
tome I, par Madame Clément, etc.

829 Société d'Emulation, 5 volumes, plus celui des
artistes cambresiens. — L'Image Miraculeuse,
par Caritas. — Maris Jaloux. — Odes. —
Réglement. — Fête séculaire. — Loi élémen-
taire. — Almanach, etc.

830 Catalogue de la Bibliothèque du cardinal
Dubois, archevêque de Cambrai, 4 volumes,
reliure en vélin (rare). — Philosophie Fénelon,
in-4°, Berthould.

831 Dictionnaire de Cambrai, Bouly, in-4° relié. —
Lettres pastorales de Mᵍʳ Giraud, de 1842 à
1848.

832 Histoire de Cambrai, Lécluselle, 2 volumes. —
Les Tablettes Cambresiennes, reliés.

833 Chronique du Baldérique, par Faverot.

834   Id.   id.   par Leglay.

835   Id.   id.   en latin, 1615 (ouvrage curieux).

836 Histoire de Daremberg, fondateur de l'Abbaye
du Mont Saint-Martin du Diocése de Cambrai
(très rare). — Institutionem, etc. : aux armes
de Maximilien de Berghes. — Indes universali
Cameracensis.

837 Les Secrets de Joseph Lebon. — Bausire ou les
dangers de l'éducation. — Catalogue de
M. Defrémy de Cambrai. — Dictionnaire des
condamnés à mort pendant la Révolution. —
Les remarques de ceux de Cambrai et environs. — Questions sur les coutumes de
Cambrai.

838 L'Eglise Métropolitaine de Cambrai, par Leglay,
in-4° relié.

N^{os}

839 L'Education des Filles, par Fénelon, avec notes manuscrites ajoutées, in-12 cartonné.

840 Anatomie à Cambrai, livre et album, très grand in-f°.

841 L'Anti-Papesse ou Erreur populaire, par Flourisona de Renard, chez Jean de la Rivière.

842 Vie de Lazare, de Thomas, Cambrai, Douillet, 1731.

843 Les Espistoles Kamberlotes, Carion, 1839 et 1840 avec gravures, relié.

844 Opuscules sur Cambrai, Durieux et Bruyelle, relié.

845 Les Sept Merveilles du Cambresis, par Carion, relié.

846 Catalogue de l'abbé Mutte, doyen de la Métropole (très rare). — La Vie d'un Pauvre Diable, 1789.

847 Vie de Vanderburch, 1647. — Mons Hannoniæ sur la Métropole de Cambrai, Jean de la Rivière, 1621, vélin.

848 Souvenir de la Terreur de Cambrai, Thénard, relié.

849 Coutumes de Cambrai, Nicolas Douillet, 1625.

850   Id.   id.   A Douai, chez L. de Vinde, 1574.

851 Biographie de Pierre Giraud, sa Vie, tractatus sacramento, Delcroix. — Promenades dans le Cambresis.

852 Notice sur Pierre Dailly, par Arthur Denaux, ouvrage qui a remporté la médaille d'or en 1824, relié.

853 Processionnel Romain, in-f°, maroquin plein, Cambrai, Lesne, Dalloin, 1840 (très beau volume offert à M. Duprez, chanoine de Cambrai).

N^{os}

854 Prévost de Cambrai, Précis de l'Histoire Ecclésiastique de Cambrai, Leglay.

855 Légatus ecclésiastiquié avec le mot St-Aubert
sur les plats. — Statudas Sinodalis.

856 Le Théâtre à Cambrai, Durieux. — Sinodi
cameracensis aux armes de St-Albin sur les
plats et son chiffre sur le dos.

857 Le Collége de Cambrai, Durieux. — Sinodolis
cameracensis.

858 Fêtes civiles et religieuses, par Mme Clément
Hémery, 2 volumes, reliés, planches noires et
coloriées.

859 Biographie des Prêtres de Cambrai. — Revue
Cambresienne, incomplet.

860 Les Artistes Cambresiens, Durieux, 1 volume
avec planches.

861 Topographie de Cambrai, Boniface et Bruyelle.

862 Cromiorum nemdi: auteurs de Cambrai.

863 Mémoires sur les Archives des Eglises et Mai-
sons religieuses de Cambrai, par Leglay
(rare).

864 6 Volumes aux armes de St-Albin et de l'abbaye
de Vaucelles.

865 Album de Cartes et Plans de Cambrai et des
environs par le Chevalier de Beaulieu, 120
cartes et plans.

866 Vie de St-Norbert aux armes de l'abbaye du
Mont St-Martin du diocése de Cambrai
(trés rare).

867 Leglay, Manuscrit de la Bibliothéque de Cambrai, in-8°, relié.

868 Florimond de Remond, Jean de la Riviére,
1613.

869 Histoire de Cambrai, Bouly, 2 volumes, reliés.

870 Histoire ecclésiastique, Guillaume Gazets.

Nos

871   Le Règne du Diable, Bouly, 2 volumes, brochés.

872   Histoire de Cambrai et du Cambrésis, par Le Carpentier, tome Ier.

873   Le Panthéon Hugenot, Jean de la Rivière, Cambrai (rare).

874   Instruction en manière de formules pour les Curés et Pasteurs de la Paroisse de Cambrai 1567. Inédit. Premier livre imprimé à Douai (très rare).

875   Questionnem Petri di Aliaco, Caractères gothiques (rare).

876   Catéchisme de la Tonsure, par Monseigneur de Fleury, Cambrai (rare).

877   Institution des Ermites du Diocèse de Cambrai 1714 (très rare).

878   La Opposition, etc., etc., vélin (très rare), dédié à Joan Duvalas, Lieutenant et Gouverneur de la Ville et Citadelle de Cambrai. Ouvrage en Espagnol traduit en Français par R. D. R. de Cambrai. Chez Jean de la Rivière 1622.

879   Histoire de Cambrai. Dupont, tomes 1 et 2. — De la Naissance de l'Hérésie, 2 volumes. — Jean de la Rivière, Cambrai 1591.

880   Histoire de Cambrai. Dupont, 3 volumes reliés en un seul.

881   Traité des fortifications à l'usage de la Compagnie des Gentilshommes de la garnison de la citadelle de Cambrai (ouvrage rare).

882   Ouvrage en gothique sur Cambrai 1495.

883   Les Monnaies de Cambrai, par Robert. Un cahier est fait à la main dos et coins en maroquin, belle reliure.

884   Protection de Cambrai. — Signature de Joseph Lebon. — Opinion sur le Marquis d'Estour-

bles. — Calamités. — Monuments. — Mémoires chronologiques. — Fragments de manuscrits par Bouly. — Récits grotesques sur les
Chanoines de l'Eglise de Walincourt. —
Notices sur le programme de la Fête de
Cambrai par Bouly. Manuscrit unique provenant de sa Bibliothèque.

898   Manuscrit. Histoire de Louis de Berlaimont,
in-f° relié.

899   Les Souterrains de Cambrai, exemplaires de
M. Bouly. Manuscrit in-f° relié.

900   Chroniques Cambrésiennes, par Bouly, 3 volumes in-f°. Manuscrit extrait de la Bibliothèque Communale et mis au net par l'abbé
Tranchant, de 530 à 1674. Collationné par
l'abbé Mutte (de toute rareté, unique).

901   49 Volumes de la Société d'Emulation depuis le
commencement.

902   Manuscrit. Recueil contenant divers traités en
latin de Pierre de Aliaco, évêque de Cambrai,
dont un dédié à Noble Philippe de Mézières,
de Jean Lesur et de Nicolas Oyesme. — Commencement du XVe siècle. Il contient un
traité sur les Monnaies, petit in-4° relié sur
ais de bois avec le Double-Aigle et le Lion de
Flandre (très rare).

903   Livre offert à Vanderburch, archevêque de
Cambrai, pour son bon An. Ecrit en lettres
d'or sur les plats avec le nom du donataire
(livre unique et de toute rareté). — Autographes sur Cambrai.

904   Diane d'Estrées, sœur de la Belle Gabrielle,
veuve de Jean de Montluc, Seigneur de
Balagny.

905   Gaspart Némius, archevêque de Cambrai.

N^{os}

906   Fénelon (fausse).
907   Vidimus et Quittances à Cambrai, 15 juin 1342.
       Agent Foncot auprés de Pierrot de Fourmi,
       Garde des garnisons de Cambrai, pour Nico-
       las son Gouverneur, de Crévecœur, etc., etc.
908   Merlin de Douai.
909   Abbesses de l'Abbaye de Prémy.
910   Monseigneur Régnier.
911   Ferdinand de Rohan, archevêque de Cambrai.
912   Autographes de Saint-Albin.
913   id.   de Joseph Lebon.
914   Sur la Famille de Hemsin. — Testament de
       M. Thésin, chanoine de la Métropole.
915   Monseigneur Fleury.
916   Envoi de deux Etats sur l'Argenterie de Saint-
       Sépulcre et Saint-Géry.
917   Album de 79 portraits d'Evêques, Archevê-
       ques, Grands Hommes, etc., de Cambrai
       (collection trés rare).

GRAVURES, PHOTOGRAPHIES

918   15 Photographies, représentant des sujets
       anciens.
919   18 Photographies, représentant des sujets
       anciens.
920   2 Gravures de Greuze : le Geste Napolitain et la
       Lecture de la Bible, encadrés.
921   2 Gravures du Poussin. — Hercule Junon,
       encadrées.
922   Bataille, par L. B. et Chameaux, Albert Durer.
923   2 Portraits. — Comte de Saxe, Rigaud et
       autres. — Marine, etc.
924   Jules de Bourbon, Minard et autres.

Nos

925 Sujets Religieux, par Sadeler. — L'Hiver et l'Automne, encadrés.

926 5 Vues de Laon et de Tournay, photographies.

927 12 Photographies.

928 Simon Vouêt. — Circoncision. — Hercule. — Marine.

929 Lots de Gravures.

930 Charles de Palatine, encadré.

931 Cléopâtre par le Guide, encadré.

932 Elisabeth, par Rigaud.

933 2 Portraits. — Largillière, peintre et Léonard, par Rigaut, encadrés.

934 2 Paysages, par Berghem et la Tentation de St-Antoine. — Titien.

935 15 Reproductions des tapisseries de Reims.

936 Enfant jouant aux bulles de savon et Enfant pêchant à la ligne.

937 Rembrandt, par Dewlamgruyck et François de Baglion de la Sale.

938 Paul et Virginie, par Debucourt.

939 Domitio, par Sadeler et autres. — Portraits. — Allégories.

940 4 Gravures. — Sujet de la Passion, et une encadrée, par Le Poussin. — Gravé par Stella.

941 La Chasse au Faucon. — La Fontaine de Vénus. — Tentation de St-Antoine. — Les Vierges sages et les Vierges folles.

942 Cascade de Tivoli. — Allégories, par Dominico. — Crucifiement, par Diepenbecke.

943 Procession de la Ligue et la St-Barthélemy.

944 L'Accordée du Village et Heureux Ménage, par Creuze, encadré.

945 La Présentation. — La Reine de Saba et Salomon.

Nos

946 Le Roi de la Féve, par Jordaens.

947 2 Gravures modernes. — Prés d'un Perchoir et Jeune Fermiére.

948 Les Nymphes au Bain. — Gravure anglaise. — Joh Boydell, encadré.

949 Guillaume, prince d'Orange et Tricoteuse hollandaise, par Miéris.

950 Paysage par Sale et l'Amusement à la Campagne.

951 2 Gravures. — Vues de Belgique, par Ostrobant.

952 Le Ménage raccommodé. — La Culotte rendue et Négresse en couleur. — Le Bonheur du ménage, par Lebrun.

953 La Fileuse, par Domenico Feti, et Chasse, par Vandermeulen.

954 Albert, archiduc d'Autriche.

955 Heemskerke. — Albert Durer. — Deux autres Rembrandt. — Philippe d'Espagne.

956 Le Guide, Albert Durer, N. Maas Dona et deux autres Gravures.

957 Hermann et Romeyn de Hooghe, Jean Orlandi.

958 Lomelain Wolech. — Simonneau. — Pierre de Jode. — Piloan.

959 Albert Durer. — Rembrandt. — Bertaut.

960 Montcornet, Callot et autres. — Aldegrever. — Gravelot. — De Seve.

961 Albert Durer. — Nilson et Boucher.

962 Romeyn de Hooghe. — Rembrandt. — Perelle. — St-Quantin.

963 Van de Velde. — Paysage. — Anges. — 13 Gravures. — Histoire Sainte, par Leclerc. — Deux Romeyn de Hooghe. — Jean Van Troyen. — Nicolas de La Faye. — Ronde d'Enfants. — Van Loo Guerrier.

964 Thomas Dudelin. — Visitation, par Sébastien

CARTES SUR CAMBRAI & GRAVURES

Départements du Nord, du Pas-de-Calais, de l'Oise et de l'Aisne.

979 Nova cameracensis. — Plan de Cambrai 1815. — Plan de Cambrai 1841.

980 Nouvelle carte des dix-sept provinces des Pays-Bas. — Carte historique et chronologique pour servir à l'histoire des Pays-Bas.

981 3 Archevéchés de Cambrai.

982 Cartes des environs de Cambrai. — Cartes du Diocèse de Cambrai.

983 Cartes du Diocèse de Cambrai. — Plans du Diocèse de Cambrai.

984 Le Comté du Hainaut. — Le Cambrésis. — Comté du Hainaut et du Cambrésis.

985 Portrait de Fénelon, par Lippo. — Portrait de Fénelon, par Haber.

986 Portrait de Berghem, par Nève. — Portrait de Fénelon, par Lebeau.

987 Portrait de Fénelon, par Sergent. — Portrait de Berghem, par Dejotte. — Plan de Cambrai et Porte N.-D.

988 Séminaire. — Vue de l'ancienne Eglise des Jésuites. — Armoiries de Choiseul. — Plan de Cambrai. — Plan de Bouchain. — Jean Marchio, Gouverneur de Valenciennes.

989 Terre de Cambrai respectée par les Anglais. — Iconographie instructive. — Fénelon. — François de la Motte, par Marillier. — La Bibliothèque de Cambrai.

990 Saint Landelin. — Plan de Bouchain. — Plan du Quesnoy. — Fénelon. — L'Ostensoir d'or par Fénelon. — Enguerrand de Monstrelet. — Plan de Cambrai.

991 Porte Saint-Sépulcre. — Plan de Cambrai, Porte N.-D. — Plan de Cambrai. — Métropole de Cambrai. — L'Hôpital général.

N^{os}

1013   Cardinal Dubois. — Vanderburch. — Régnier.

1014   Giraud. — Duquesnoy. — Régnier.

1015   Mausolée de Fénelon. — L'Habitude. — Monument de Proville. — Clocher de N.-D. — Catafalque de Durieux.

1016   Lancement d'un ballon sur la place, Adrien Brunet.

1017   Maison de Fénelon. — Bibliothèque. — Plan de Cambrai.

1018   Saint-Grégoire.

1019   Charles de Saint-Albin.

1020   Dehors de la Citadelle de Cambrai. — Reddition de Cambrai.

1021   Plan de Cambrai 1677. — Plan de Cambrai, François-le-Coq. — Deux brochures par Bauduin.

1022   Plan de Cambrai 1595. — Vue de la Ville de Cambrai en couleur.

1023   Plan de Cambrai. — Plan de Cambrai. — Plan de Cambrai.

1024   Plan de Cambrai.

1025   id.   — Clocher Saint-Géry. — Clocher Saint-Martin.

1026   Plan de Cambrai.

1027   Prise de Cambrai.

1028   Plan de la Citadelle.

1029   280 Gravures d'Optique.

1030   Fénelon, par Vivien, gravé par Nattier.

1031   Portrait de Rubens, par Van Dyck. — Calvaire de Cambrai en couleur.

1032   Fénelon ramenant une vache à une famille désolée de l'avoir perdue.

1033   L'Acte d'humanité, peint par Jean Defraine, gravé par Delaunay.

THÈSES, BANNIÈRES, BRODERIES

Nᵒˢ

1034 Thèse de Théologie en soie, de Monseigneur de Fleury, archevêque de Cambrai (très grande).

1035 Bannière des Frères de la Miséricorde.

1036 id. de Saint-Georges avant la Révolution.

1036 bis Bannière de Saint-Nicolas de Cambrai.

1037 Deux Gilets anciens brodés.

1038 Bonnet d'enfant en soie et dentelles or XVIIᵉ siècle.

1039 Bonnets d'hommes, blasons avec broderies.

1040 Echarpe de franc-maçon avec solstice.

1041 Dessus de Calice, en tissu très ancien, avec le Christ (très rare).

1042 Débris de Chasuble représentant 5 sujets réappliqués sur velours :

1° Le Christ au Jardin des Oliviers ;

2° Le Christ au Rameau ;

3° Le Christ portant sa Croix ;

4° Le Christ sur la Croix.

Dans le milieu la Vierge avec des Anges sur les côtés.

1044 Coffret en broderies Louis XIII.

TABLEAUX

1045 Effet de lune, par Van der Neer.

1046 Le Couronnement de la Vierge.

1047 La Visitation. — Grisaille d'après Abraham Bloemart.

1048 Allégorie. — Reine recevant des fleurs et des fruits.

1049 Le Christ sur les genoux de la Vierge, gothique sur fond d'or.

Nᵒˢ

1050 Marché de bestiaux en Italie.

1051 Tête d'après Jordaens.

1052 L'Assomption de la Vierge, par Jean de Rhym.

1053 La Vierge et l'Enfant Jésus, gothique.

1054 Sainte Famille. Etoffe.

1055 Découpure représentant l'Annonciation dans un cadre Louis XIII.

1056 L'Ascension sur cuivre.

1057 Portrait d'homme sous Louis XIV ou Louis XV avec Armoiries de l'Ecole Française.

1058 Paysage d'après Berghem.

1059 L'Adoration des Mages, gothique.

1060 La Vierge et l'Enfant Jésus. — Ecole italienne.

1061 Intérieur d'église, d'après Peter Neefs.

1062 Adoration du Veau d'or, d'après Jouvenet.

1063 Portrait de femme avec collerette, d'après Jean Van Ravesteyn.

1064 Attributs de musique.

1065 Deux Tableaux, Saints et Evêques.

1066 Adoration des Mages, gothique.

1067 Pierrot, danse de carnaval, d'après Gillot.

1068 Bataille, dans le genre de Franck.

TABLEAUX SUR CAMBRAI

1069 Mᵍʳ Belmas, tableau attribué à M. Quèque.

1070 Le Christ, au crayon, par Vauquier, professeur de l'Académie de Cambrai.

1071 Cadet-Roussel, par Saint-Aubert.

1072 Monaco de Cambrai.

1073 Régis de Cambrai.

1074 Portrait d'un Charlatan de Cambrai, Dowa.

1075 Portrait d'un Mendiant de Cambrai, par Dowa.

1076 Triptyque représentant Saint-Maur et les Portefaix.

Nᵒˢ

1077 Environs de Cambrai, Digue du canal et Allée Fénelon, par Dowa.

1078 Sainte-Olle, par Dowa.

1079 Fénelon ramenant une vache, par Dowa.

1080 N.-D. de Grâce sur parchemin.

1081 Deux N.-D. de Grâce sur bois.

1082 Une id. sur vélin.

1083 Une id. sur papier.

1084 Une id. en cire.

1085 Une id. sur bois dans un cadre italien.

1086 Une N.-D. de Grâce entourée de fleurs (très rare).

1087 Le Cardinal Dubois dans un cadre sculpté et doré, grande peinture.

GLACES

1088 Glace dans un cadre Louis XIII, sculpté et doré.

1089 Glace dans un cadre genre Rocaille. — Louis XV, sculpté et doré.

1090 Glace avec cadre sculpté et doré, avec fronton Louis XIV.

1091 Glace avec cadre sculpté et ciré.

MEUBLES

1092 Baromètre en bois sculpté, doré, Louis XVI.

1093 Croix en bois noir avec pied.

1094 Christ sur une Croix écaille, ivoire et ébène Louis XIII avec pied, fleuron et vase de fleurs en cuivre argenté.

1095 Christ en cuivre sur une Croix Louis XVI.

1096 Cabinet Louis XIII en palissandre ou acajou avec pied.

Nos
1097 Cabinet en marqueterie avec pied Louis XIII.
1098 Cabinet Renaissance avec Saints en peinture ayant servi de chapelle portative.
1099 Cabinet Louis XIII en racine de citronnier.
1100 Bahut Renaissance en forme de vitrine.
1101 Petite Table sculptée Louis XIV.
1102 Deux Chaises Rubens.
1103 Fauteuil Louis XIII.
1104 Chaises Louis XIV.
1105 Une Chaise Louis XIV.
1106 Fauteuils Louis XIII.
1107 Commode Louis XIV sculptée, noir et doré.
1108 Vitrine hollandaise en marqueterie (très belle).
1109 Barre à pots sculptée datée 1621.
1110 Bois sculptés, etc., etc.
1111 Meuble vitrine.
1112 Id.   id.
1113 Bibliothèque.
1114 Cinq Vitrines.
1115 Caisse d'horloge en chêne.
1116 Bas de Buffet Louis XV.
1117 Dessus de Table hollandaise avec peintures.
1118 Niche en bois Louis XIII.
1119 Lustre en bois doré garni de cristaux.
1120 Médailles avec 56 tiroirs.
1121 Id.   avec tiroirs.
1122 Id.   en forme de commode.

Quantité d'Objets non catalogués.

Cambrai. — Imp. Régnier frères, Place-au-Bois, 28 et 30